Siddharthas Traum

Geblieben ist das Erlebnis eines Traumbesuches bei fernen Vorfahren, einer Heimkehr zu märchenhaften Kindheitszuständen der Menschheit, und eine tiefe Ehrfurcht vor dem Geiste des Ostens, der in indischer oder chinesischer Prägung mir seither immer wieder nahe kam und zum Tröster und Propheten wurde.

Hermann Hesse

Kay Maeritz

Siddharthas Traum

Eine Indienreise auf den Spuren von Hermann Hesse

BRUCKMANN

AFGHANISTAN
K2
8611
Leh
Srinagar
JAMMU
KASCHMIR
Indus
Amritsar
Lahore
HIMACHAL PRADESH
Simla
Chandigarh
PUNJAB
Gangotri
Hardwar
HARYANA
Delhi
CHINA
TIBET
Lhasa
RAN
PAKISTAN
NEPAL
Mt.Everest
8848
ARUNACHAL PRADESH
Itanagar
Dispur
Bikaner
Jaisalmer
RAJASTHAN
Jaipur
Ganges
Lucknow
Kathmandu
SIKKIM
BHUTAN
Darjeeling
Brahmaputra
ASSAM
NAGALAND
Kohima
Jodhpur
Gwalior
UTTAR PRADESH
Patna
MEGHALAYA
Shillong
Imphal
Chittorgarh
Yamuna
Allahabad
Gaya
BANGLADESCH
MANIPUR
Udaipur
Khajuraho
BIHAR
Dhanbad
Agartala
Aizawl
Gandhinagar
Ujjain
Bhopal
Ranchi
Kalkutta
TRIPURA
MIZORAM
MADHYA PRADESH
WEST BENGALEN
GUJARAT
BIRMA
LAO
Arabisches Meer
Somnath
Rourkela
Ajanta
Nagpur
Raipur
Bhubaneswar
Daman
ORISSA
Nasik
MAHARASHTRA
Puri
Bombay
(Mumbai)
Jagdalpur
Golf von Bengalen
Poona
Godavari
Hyderabad
Rajahmundry
THAILAN
ANDHRA-PRADESH
Badami
Panaji
GOA
Hawoi
Kurnool
Karwar
INDISCHER
KARNATAKA
Mangalore
Bangalore
Madras (Chennai)
Pondicherry
OZEAN
TAMIL NADU
KERALA
Thanjavur
Madurai
Cochin
INDISCHER
Trivadrum
(Thiruvananthapuram)
SRI LANKA
OZEAN
N
400 km

Inhalt

Zu diesem Buch 6
»Die Liebe scheint mir von allem die Hauptsache zu sein«

Unterwegs 12
Eindrücke und Begegnungen

Das Lächeln des Buddhas 30

Die Liebe in Marmor 40

Brahmas grosses Fest 48

Wüstenzauber und heilige Berge 56

Traumland Pfefferküste 70

Auf dem Dekkan-Plateau 80

Wo Shiva tanzt – tief im Süden 98

Impressum 104

Zu diesem Buch

»Die Liebe scheint mir von allem die Hauptsache zu sein«

Die Abbildungen dieser und der nächsten Doppelseite zeigen Szenen aus Conrad Rooks »Siddhartha«-Verfilmung mit Shahshi Kapoor in der Hauptrolle. Kritiker bemängelten das Spiel der Akteure als »too arty«, hoben aber die glänzende Leistung des schwedischen Kameramanns Sven Nykvist hervor.

Hermann Hesses »Siddhartha« gehört zu den meistgelesenen Büchern des 20. Jahrhunderts. Im Oktober 1922 in einer Auflage von 6050 Exemplaren erschienen und im Jahr 1972 von Conrad Rooks verfilmt, wurde das Buch in 39 Sprachen einschließlich 13 indische Dialekte übersetzt und verkaufte sich weltweit in einer zweistelligen Millionenauflage. Mit seinem Gesamtwerk ist der im Jahr 1946 mit dem Nobelpreis für Literatur und dem Friedenspreis des deutschen Buchhandels ausgezeichnete Hermann Hesse, dessen Bücher in den Jahren 1939 bis 1945 in Deutschland als »unerwünscht« galten, der meistgelesene deutschsprachige Autor der Welt.

Die von Hermann Hesse so bezeichnete »indische Dichtung« beschreibt Siddharthas Lebensweg vom Kind zum Greis – oder vom Kind zum Kind, denn der Weg erweist sich als Kreislauf, als eine nach oben, zur Erkenntnis führende Spirale. Dazwischen liegen die verschiedenen Lebensstationen: beginnend mit dem Verlassen des als fürsorglich-belagernd empfundenen Elternhauses, einer Zeit bei den asketischen Samanas, einer Begegnung mit Buddha und einem Aufenthalt im »Reich der Sinne«, das zugleich die Welt des schönen Scheins, des Reichtums und der Macht ist – bis Siddhartha schließlich als Gehilfe eines Fährmanns in den Stimmen des Flusses die Musik des Lebens erkennt: »Und wenn Siddhartha aufmerksam diesem Fluß, diesem tausendstimmigen Liede lauschte, wenn er nicht auf das Leid noch auf das Lachen hörte, wenn er seine Seele nicht an irgendeine Stimme band und mit seinem Ich in sie einging, sondern alle hörte, das Ganze, die Einheit vernahm, dann bestand das große Lied der tausend Stimmen aus einem einzigen Worte, das hieß Om: die Vollendung.«

Eine Reise nach innen

Auch wenn Siddharthas Lebensweg in wesentlichen Teilen der Biografie des historischen Buddha entspricht (um 560 bis um 480 v. u. Z.), der mit Vornamen ebenfalls Siddhartha hieß, so ergibt sich nicht nur aus der fiktiven Begegnung mit seinem – Hesses – literarischen Alter ego, daß das Buch ausdrücklich eine *Dichtung* ist, die wie immer bei Hermann Hesse stark von persönlichen Erfahrungen geprägt wurde: etwa von seinem Konflikt mit dem Elternhaus, in dem man den Sohn lieber als Priester denn als Schriftsteller gesehen hätte.

Schon von frühester Kindheit an »mit indischem Wesen vertraut« – sein Großvater wie seine Eltern lebten lange als Missionare in Indien –, erinnerte sich der Autor später immer wieder gern an Erzählungen seiner Mutter wie an handschriftliche Aufzeichnungen seines Vaters; auch an indische Kleider und Bilder, die in seinem Elternhaus aufbewahrt wurden, und meinte: »Unbewußt sog ich so viel Indisches ein.« Im Jahr 1911 unternahm Hermann Hesse zusammen mit dem Maler Hans Sturzenegger auch eine eigene Reise nach Indien – nach heutigem Verständnis im Grunde eine Indonesienreise – und veröffentlichte zwei Jahre später seine Eindrücke in dem Band »Aus Indien«. Aber wie Ralph Freedman in seiner Hesse-Biografie schreibt, war diese Indienfahrt »eigentlich eine Reise nach innen, zu sich selbst, die der eigenen Notwendigkeit folgte und nur äußerlich auf ein reales, geografisches Ziel gerichtet war«.

Auch nach Hesses eigenen Worten ging es ihm weniger um Asien als realen Kontinent als um einen ganz bestimmten, geheimnisvollen Ort – »irgendwo zwischen Indien und China«. Dabei hatte der Autor offenbar einige Mühe, sein von den unterschiedlichsten Kindheitserinnerungen geprägtes Indienbild mit den tatsächlich vorgefundenen Reisebedingungen in Einklang zu bringen: So beklagte er sich über die unerträgliche Hitze, die üblen Gerüche, die erdrückend wuchernde Vegetation und begegnete den Indern wie ihrer Gesellschaft »zunächst mit den typischen Vorurteilen eines Europäers« (Freedman). Erschöpft von der Mühsal der morgendlichen Schmetterlingsjagd und dem anschließenden Einkaufsbummel in der Hitze der Stadt träumte er sich sinnigerweise in einem Kino von Singapur in die Welt seiner Kindheit zurück und begegnete dabei seinem offenbar zum Buddha verklärten Vater: »Ich lehre dich nicht«, sagte dieser zu seinem Sohn mit dem Lächeln des Vollendeten, »ich erinnere dich nur.« Dieser Traum-Buddha ging später ebenso in Hermann Hesses »Siddhartha« ein wie »Indien« als vornehmlich vom Autor imaginierter und damit doch sehr realer, nämlich *literarischer* Ort.

Der poetische Augenblick

»Siddharthas Traum« kann und will keine Nacherzählung von Hermann Hesses indischer Dichtung sein. Statt dessen geht es in diesem Buch um eine poetische Indienreise auf den Spuren eines Autors, dem es ungeachtet aller persönlichen Vorbehalte gelang, »ein Bewußtsein der Einheit jenseits aller von der Natur auferlegten Unterschiede als echtes geistiges Erlebnis mit nach Hause« zu bringen (Freedman).

Kay Maeritz (Jahrgang 1958) hat auf zehn Reisen zwischen den Jahren 1985 und 1999 insgesamt fast zwei Jahre in Indien verbracht und die meisten Regionen des Subkontinents zwischen dem Nubra Valley im Transhimalaya und dem Kap Cormorin im äußersten Süden besucht.

Zeit und die Bereitschaft zum persönlichen Dialog, zum Eingehen auf sein Gegenüber zählt der Asienspezialist Kay Maeritz zu den wichtigsten Voraussetzungen seiner fotografischen Arbeit. Auf diese Weise gelang ihm ein beeindruckend vielfältiges Porträt eines faszinierenden Landes mit seinen landschaftlichen Extremen, den von unterschiedlichen Religionen beeinflußten Lebensformen, den überfüllten Städten,

Vom Kind zum Greis: Hermann Hesses »Siddhartha« erzählt die Geschichte einer Selbstfindung als Ergebnis lebenslanger Suche nach Erkenntnis. Nachdem Siddhartha die verschiedensten Daseinsformen menschlicher Existenz erfahren hat, formuliert er seine »Lehre« mit den folgenden Worten: »Die Liebe (. . .) scheint mir von allem die Hauptsache zu sein. Die Welt zu durchschauen, sie zu erklären, sie zu verachten, mag grosser Denker Sache sein. Mir aber liegt einzig daran, die Welt lieben zu können, sie nicht zu verachten, sie und mich nicht zu hassen, sie und mich und alle Wesen mit Liebe und Bewunderung und Ehrfurcht betrachten zu können.«

der weiten Gangesebene, dem farbenprächtigen Rajasthan und dem vom tibetischen Buddhismus geprägten Ladakh in der Einsamkeit des Himalaya: »Fotografien sammeln heißt die Welt sammeln«, meinte die Essayistin Susan Sontag einmal – das gilt für den Fotograf wie für den an Fotografie Interessierten gleichermaßen.

Suchen und finden

Kennzeichnend für den besonderen fotografischen Blick von Kay Maeritz ist vor allem seine Nähe zu den Menschen. Ohne eine bestimmte Haltung wäre diese Nähe nicht möglich, und gerade diese Haltung ist es, zu der Kay Maeritz – auch – durch Hesses Werk inspiriert wurde: »Wer sich nach Indien begibt, kann dort vieles lernen und erfahren, auch hinterfragen – nicht zuletzt die eigene Art des Lebens«, erklärt der Fotograf und fügt hinzu: »Überall auf der Welt neigt der Mensch dazu, seine Art des Lebens für die einzig richtige zu halten. Doch hier in Indien wird der Besucher mit einer Welt konfrontiert, die nach ganz anderen Regeln und Mechanismen funktioniert; hier begegnet er einem Leben, wie es ihm auf den ersten Blick fremder und unverständlicher nicht sein könnte. Aber wer sich darauf einläßt, wer nicht alles Fremde gleich als falsch zurückweist, sondern Geduld und Einfühlungsvermögen mitbringt, dem wird Indien vieles geben – und den wird dieses Land nicht mehr loslassen.«

Allerdings fügt Kay Maeritz nicht ohne Grund hinzu: »Die Erwartung, in die Welt von Buddha und Gandhi zu reisen, kann den Blick auf das Land verstellen, kann diejenigen enttäuschen, die ihren romantischen Vorstellungen nachjagen und in Indien feststellen müssen, daß das Land diesen Erwartungen nicht entspricht.« Diese ernüchternde Tatsache wird auch in der Beschreibung seiner letzten Reise deutlich, die Kay Maeritz im Januar/Februar 1999 zusammen mit seinem Vater in den Ursprungsraum des Buddhismus führte – heute ein von Armut und Korruption gezeichnetes Gebiet. Aber wer reise, meint der Fotograf, und das nicht nur in Indien, bekomme von Siddhartha einen treffenden Satz mit auf den Weg: »Suchen heißt: ein Ziel haben. Finden aber heißt: frei sein, offen stehen, kein Ziel haben.«

»Die höchste und bezeichnendste Errungenschaft des brahmanischen Geistes, entscheidend nicht nur für die Entwicklung der indischen Philosophie, sondern auch für die Geschichte der indischen Kultur, war seine Entdeckung des Selbst (*átman*) als ganz und gar unabhängige, unvergängliche Wesenheit, die der bewußten Persönlichkeit und der leiblichen Hülle zugrunde liegt«, meinte Heinrich Zimmer. »Alles, was der normale Mensch über sich weiß und äußert, gehört zur Sphäre des Wandels, der Sphäre von Zeit und Raum; aber dieses Selbst (*átman*) ist ewig unwandelbar, jenseits von Zeit und Raum (. . .), jenseits des Bereiches von allem Meßbaren und Sichtbaren.«

Siddharthas Traum

Auch in Kay Maeritzs Fotografien fließen verschiedene Bewußtseinsebenen ineinander. Dies überträgt sich vermutlich auf unsere eigene Wahrnehmung: Hinter den Bildern liegt eine andere Welt – von der Information zur Imagination zur Inspiration.

»Siddhartha« bedeutet sinngemäß »der, der sein Ziel erreicht hat«, und wie immer man das zwischen zwei Weltkriegen entstandene Werk für sich persönlich deuten mag – Hermann Hesses tief empfundene Sehnsucht nach menschlicher Erkenntnis bleibt zeitlos gültig: Siddharthas Traum ist – auch – unser Traum.

Robert Fischer

Unter dem Heiligen Bhodi-Baum in Bodh Gaya erhielt der Buddha seine Erleuchtung,
das ewig existierende kosmische Wissen offenbarte sich ihm. In den Worten des Buddha:
»Ich habe selbst die Erkenntnis erlangt ... Ich habe keinen Lehrer,
ich bin der unvergleichliche Lehrer.«

Unterwegs

Eindrücke und Begegnungen

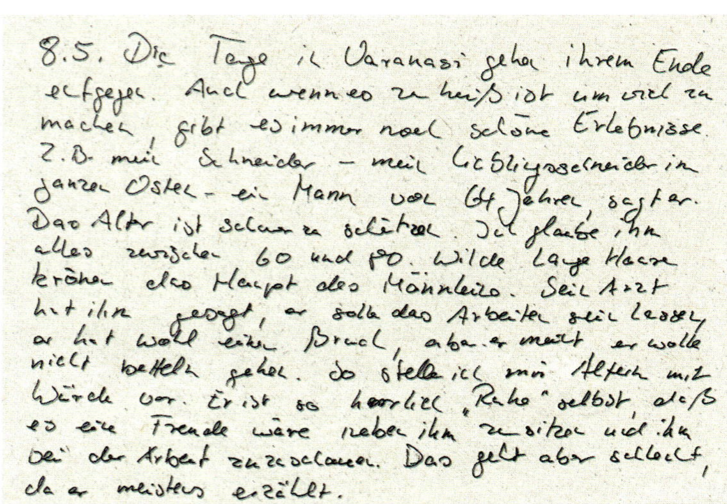

8.5. Die Tage in Varanasi gehen ihrem Ende entgegen. Auch wenn es zu heiß ist um viel zu machen, gibt es immer noch schöne Erlebnisse. Z.B. mein Schneider – mein Lieblingsschneider im ganzen Osten – ein Mann von 64 Jahren, sagt er. Das Alter ist schwer zu schätzen. Ich glaube ihm alles zwischen 60 und 80. Wilde lange Haare krönen das Haupt des Männleins. Sein Arzt hat ihm gesagt, er solle das Arbeiten sein lassen, er hat wohl einen Bruch, aber er meint er wolle nicht betteln gehen. So stelle ich mir Altern mit Würde vor. Er ist so herrlich „Ruhe" selbst, daß es eine Freude wäre neben ihm zu sitzen und ihm bei der Arbeit zuzuschauen. Das geht aber schlecht, da er meistens erzählt.

Die meisten Besucher stürzt Indien in ein Wechselbad der Gefühle. Natürlich ist hier nicht alles zum Besten bestellt, aber kaum ein Land der Welt kann es mit den indischen Sehenswürdigkeiten aufnehmen, kaum anderswo wird man als Reisender freundlicher und offener empfangen. Zwei Minuten in einem indischen Zug, und schon ist man mit allen im Abteil bekannt; einige Minuten später wird man bereits mit Speisen aus den schier unerschöpflichen Vorräten der mitreisenden Familien bewirtet.

Indien ist vielfältiger als ganz Europa. Stellt man die tibetischen Völker im Transhimalaya, in Indiens äußerstem Norden, neben die Tamilen im Süden, erscheinen Norweger und Sizilianer dagegen wie Brüder. Auch die Unterschiede in den Bräuchen und Religionen, den Speisen und Sprachen Indiens sind so gewaltig, daß man von einem eigenen Kontinent sprechen könnte. Vom tropischen Süden bis zu den eisigen Höhen der Himalayagipfel im Norden findet man jede Klimazone, von der Wüste Rajasthans und Ladakhs im Nordwesten bis zu den regenreichsten Gebieten der Erde im Nordosten gibt es jedes klimatische Extrem.

Auf Siddharthas Spuren

Indien ist ein Land mit vielen Gesichtern. Im Jahr 1999 machte ich bereits meine zehnte Reise dorthin, diesmal zusammen mit meinem 77 Jahre alten Vater. Sie führte uns in den Ursprungsraum des Buddhismus, in die heutigen indischen Bundesstaaten Uttar Pradesh (mit Indiens heiliger Stadt Benares) und nach Bihar, wo einst das Zentrum Indiens lag. Von Pataliputra, Indiens erster

Hauptstadt, aus verbreitete der legendäre Kaiser Ashoka (der selbst zum Buddhismus konvertiert war, nachdem er fast ganz Indien unter seine Kontrolle gebracht hatte) seine Religion im Land.

»Bihar« leitet sich von »vihara« ab, dem Namen der buddhistischen Klöster. Hier wurde bei Nalanda die erste buddhistische Universität gegründet, befanden sich bis ins zwölfte Jahrhundert die wichtigsten Zentren des Buddhismus. Im Zug der moslemischen Machtübernahme wurden buddhistische Klöster und Universitäten zerstört. Trotz reicher Erz- und Kohlevorkommen im Südosten ist Bihar heute der ärmste Staat Indiens mit der schlechtesten Infrastruktur: Die Alphabetisierungsrate liegt gerade bei einem Drittel der Bevölkerung, für rund sieben Millionen Kinder fehlen derzeit Schulen.

I

Wohin mag mein Weg mich führen? Närrisch ist dieser Weg, er geht in Schleifen, er geht im Kreise. Mag er gehen, wie er will, ich will ihn gehen.

Närrisch, in Schleifen und im Kreise – wie könnte man Reisen in Indien besser beschreiben als mit diesem Satz von Hermann Hesses Siddhartha? Benares ist einer der magischen Namen Indiens. In Sarnath, einem nahegelegenen Gazellenhain, hielt der historische Buddha seine erste Predigt. Benares selbst gilt als der heiligste Ort der Hindus. Millionen Menschen pilgern jährlich nach Kashi – der Stadt des Lichts – wie Benares auch bezeichnet wird: Licht und Finsternis, die notorischen Zwillingsgeschöpfe Indiens, liegen hier noch näher beisammen als anderswo. Es ist, als würde die Stadt förmlich überquellen, aus allen Nähten platzen – die Straßen sind chronisch verstopft, die Luft wird vom Verkehr verpestet.

Wir erreichen Benares bei Einbruch der Nacht. Wie überall im Norden Indiens kommt einem der Bahnhof wie ein Alptraum vor: Ganze Völkerscharen scheinen hier zu leben; überall – im Wartesaal, auf den Treppen, in der Schalterhalle – hocken Menschen. Warten sie auf einen Zug, suchen sie Schutz vor dem Regen oder gleich eine Bleibe? Alles ist in Dunkelheit getaucht – auch auf dem Vorplatz, bei den Bussen. Die wenigen Lichter betonen die Finsternis eher noch, als daß sie diese verdrängen. Im Dunkel wirkt das typische indische Chaos – tagsüber mit einem farbenfrohen fröhlichen Touch versehen – beängstigend: Graubraune Gestalten tauchen auf, unter Tüchern verborgen, mit über die Köpfe gezogenen Decken, ehe sie sich wieder in der Finsternis verlieren und im formlosen Ganzen auflösen.

Unser erster Ausflug führt uns zur Verbrennungsstätte am Ghat, wie die Uferstufen am Ganges genannt werden. Fast voll steht der Mond über dem Fluß, der Weg am Fluß entlang zu den anderen Ghats ist versperrt. Männer mit Wasserspritzen versuchen die Erdmassen, die der letzte Monsun hinterlassen hat, von den Stufen zu spülen. Rechts Schlamm und Wasser, links die rauchenden Scheiterhaufen mit den aufgebahrten Toten. Nirgendwo sind trauernde Familien zu entdecken, die ihren Verwandten das letzte Geleit geben wollen – dieser Ort hat aber auch gar nichts Feierliches an sich. Getrockneter Schlamm bedeckt die Stufen zum Ganges, Kinder lassen Drachen steigen. Nach einiger Zeit gewinnt die Szenerie einen eigentümlichen, unerklärbaren Reiz: das Feuer, der Rauch, der über den Fluß zieht, in dem sich der bleiche Mond spiegelt.

Hinter dem Ghat steht ein rußgeschwärzter, fensterloser Bau. Eine Treppe führt von der Rückseite hinauf zu einer Plattform, die Aussicht auf die Verbrennungsstätte bietet. Hier leben alte Menschen, zumeist Frauen ohne Familie, die am Ganges sterben wollen und nur auf ihren Tod warten. Um aus dem Kreislauf der Wiedergeburten erlöst zu werden, müssen sie auf einem Scheiterhaufen verbrannt werden – rund 250 Kilogramm Holz, das sie Kilo für Kilo zu bezahlen haben, ohne das Geld dafür zu besitzen.

Jedes Kilo koste 90 Rupies, spricht mich ein selbsternannter Führer an; ich solle fünf Kilo kaufen: Fünfhundert Rupies für fünf Kilogramm Feuerholz auf dem Weg zur Erlösung, das sei doch nicht zuviel für mich.

Umgerechnet sind das kaum mehr als zwanzig Mark – nein, das ist wirklich kein zu hoher Preis für eine gute Tat. Aber fünfhundert Rupies bedeuten in Indien ein kleines Vermögen: Kaum ein Inder könnte diesen Preis für einen Holzstoß bezahlen, und meine Spende würde wohl auch kaum bei denen landen, für die sie gedacht ist. Ich gebe schließlich einer der hier lebenden Frauen 50 Rupies und frage später den nächsten Holzverkäufer nach seinen Preisen. – Welches Holz ich denn haben möchte, fragt er zurück: Teures Sandelholz oder einfaches? – Einfaches, antworte ich, und er fordert: Drei Rupies das Kilo!

Am nächsten Tag wollen wir nach Sarnath zum heiligen Hain. Aber selbst unsere wendige Motorradrikscha bleibt im stehenden Verkehr hängen. Eine Eisenbahnunterführung ist zu schmal, um zwei LKW's gleichzeitig passieren zu lassen – also stehen sich die Laster Kopf an Kopf gegenüber. Von hinten sind auf beiden Seiten Fahrzeuge zweispurig aufgerückt, dazwischen Fahrradrikschas, Fußgänger, Handkarren, Motorräder – nichts geht mehr. Eine tpyisch indische Verkehrssituation: Wer nachgibt hat verloren und kommt so schnell nicht mehr weiter. Unser Fahrer versucht auf Schleichwege auszuweichen, doch vergebens. Irgendwie schafft er es nach einiger Zeit, eine Lücke zu nützen: Kilometer um Kilometer passieren wir daraufhin die aufgestauten Lastwagen und bewundern die Geduld der Fahrer: Lastwagenfahrer in Indien ist ein Job für Männer ohne Nerven.

Angesichts des überwundenen Chaos' entpuppt sich Sarnath als ein Ort kaum noch für möglich gehaltener Ruhe. Sauber und leer liegen die Ruinen und Rasenflächen vor uns. Nur vor dem cylonesischen Tempel sitzen Hunderte tibetischer Mönche beim Gebet für den Frieden.

Zurück in Benares laufen wir durch die nächtlichen Straßen und hören auf einmal laute Musik und Kanonenschläge: Musiker und maskierte Tänzer kommen vor einem Elefanten die Straße herab – gefolgt von weiteren Musikern und einer Rikscha, auf der der Affengott Hanuman Platz genommen hat. Auf einem anderen Elefanten sitzen Rama und Sita, die zentralen Gestalten des dem Dichter Valmki zugeschriebenen Kunstepos Ramayana (4./3. Jh. v u. Z.), in dem Ramas Gattin Sita durch den Dämonen Ravana geraubt und erst mit Hilfe der Affenarmee unter Hanuman befreit werden kann.

Zwischen den Elefanten wogt eine Menge gelbgekleideter Anhänger Ramas, die ekstatisch »Jai Shri Ram! Jai Shri Ram!« ruft. Wir reihen uns ein in die Prozession, werden mit Blumen bekränzt, umtanzt und mitgezogen bis ans Deshawamed-Ghat. Dort stockt die Prozession, die Elefanten und Fahrzeuge bleiben zurück, die Gelbgewandeten laufen die Treppen hinauf. Öllampen werden entzündet, und so schnell wie sie aufflackern, hat sich auch alles wieder verlaufen.

Nun werden Erinnerungen an frühere Besuche in Benares wach, tauchen Gesichter auf – etwa das von Shri Ranchor das Shah, dem Schneider: Vor zehn Jahren war er ein dünnes Männchen mit langen Haaren, einem langen weißen Bart und freundlichen Augen. Damals war er 64 Jahre alt, auch wenn man sein Alter kaum schätzen konnte – zwischen 60 und 80 hätte ich ihm alles geglaubt. Täglich saß er mit seiner Nähmaschine in dem schmalen Gäßchen vor seinem kleinen Laden, obwohl ihm sein Arzt eigentlich wegen einer Fraktur das Arbeiten untersagt hatte, und beobachtete das Treiben der Menschen und Tiere – Hunde, Ziegen, Kühe –, die den Weg bevölkerten; ein herrliches Bild der Ruhe und Ausgeglichenheit.

Ein weiteres Gesicht ist das von Swami Bhambouhla – dem Foto-Swami, der jetzt irgendwo anders durch Indien zieht: »I am a sadhu, I am a holy man«, stellte er sich mir vor, als ich vorüberschlenderte. Ich könne ruhig Fotos von ihm machen, animierte er mich und setzte sich sogleich in Pose. Als ich ihm zwei Rupies dafür geben wollte, protestierte er und meinte: drei Fotos – zehn Rupies! Was tun? Mit einem Heiligen um ein paar Rupies feilschen? Statt dessen holte ich uns erst einmal zwei Tassen Tee und setzte mich neben ihn, um in der Hitze des Mai-Nachmittages über den Ganges mit seinen gelegentlich auftauchenden Delphinen zu schauen und jeden Lufthauch zu genießen, der eine leichte Abkühlung andeutete. Nach dem gemeinsamen Tee war das Thema Rupies für Fotos erledigt, und von da an traf ich ihn täglich an seinem Platz zum Teetrinken und zum Bad im Ganges – in einem der verdrecktesten Flüsse der Welt, jedenfalls nach Meinung westlicher Wissenschaftler. In Indien gilt der Ganges dagegen nicht nur als heilig, sondern auch als rein: Regelmäßig werden in hiesigen Tageszeitungen Berichte veröffentlicht, nach denen die körperlich und geistig reinigende Kraft des Ganges inzwischen sogar wissenschaftlich bewiesen sei. In seinem Wasser würden die Bakterien viel schneller absterben als in anderen Gewässern, lautet eine nicht uninteressante Spekulation – aber die meisten, die sich hier zum Bad am Ufer drängen, haben vermutlich sowieso noch nie etwas von diesen Tierchen gehört, die man nicht einmal sehen kann: Wie sollte auch ein Schluck aus dem heiligen Fluß krank machen, wo dieser Schluck doch zu den Ritualen gehört und auch für die Daheimgebliebenen Gangeswasser in Flaschen abgefüllt wird?

Jährlich strömen Millionen Hindus an den Ganges, und tatsächlich ist es schwer, sich der Magie dieses Flusses zu entziehen. Seit zweitausend Jahren pilgern fromme Hindus nach Benares, und ich sollte aus Angst vor ein paar Krankheitserregern am Ufer stehen bleiben? Bei dieser Hitze? Also stieg auch ich hinein, um wenigsten diese eine Handlung aus dem schier unendlichen Repertoire hinduistischer Rituale zu übernehmen. Bis in den Alltag hinein unterliegen Hindus Vorschriften, die zum Beispiel exakt regeln, wann sie ein Bad nehmen, welche Kleider sie tragen dürfen, ob sie aus einem Tongefäß oder aus einem Metallbecher zu trinken haben, ob sie Wasser oder Butter für die Nahrungszubereitung verwenden dürfen. Raum für individuelle Entscheidungen bleibt da kaum: Diese Rituale bestimmen das Denken und Handeln der Hindus, die daraus allerdings auch ihr Selbstverständnis beziehen. Unverkennbar ist jedoch auch in diesem Zusammenhang, daß sich die indische Gesellschaft ebenso in einem Wandel befindet wie die anderer Länder: Das wird vor allem in den Großstädten spürbar.

Am nächsten Morgen in der feuchtkalten Stadt blicke ich vom Fenster unseres Zimmers hinab auf den Fluß: Heftiger Regen stürzt vom Himmel, Wind peitscht Schlieren in das bleigraue Wasser, das von hoch oben gesehen ruhig dahinfließt – wie ein Fluß aus einer anderen Zeit. Doch aus der Nähe betrachtet verändert sich das idyllische Bild: Die Gassen der engen Altstadt haben sich im Regen blitzschnell in schlammige Kloaken verwandelt; Kuhfladen und sonstiger Schmutz überziehen das Pflaster mit einer gleichmäßigen schmierig-rutschigen Schicht.

Wir wollen mit dem Zug nach Bodh Gaya weiterfahren. »No problem«, meint der Schalterbeamte auf meine Frage, ob wir eine Reservierung bräuchten; der Zug sei nicht so stark frequentiert, wir sollten nur zwei Stunden vor der Abfahrt das Ticket kaufen. Also sitzen wir um halb vier – eine halbe Stunde vor der geplanten Abfahrt – auf dem trüb-feuchten Bahnsteig; neben ungezählten Reisenden, die hier mit Sack und Pack lagern. Aber um vier Uhr rührt sich nichts: Sind wir auf dem richtigen Bahnsteig? Wir fragen Umstehende – die zucken mit den Achseln. Der Zug habe drei Stunden Verspätung, meint schließlich jemand, aber wir sollten doch besser den Bahnsteigbeamten fragen. Der ist jedoch nirgends zu sehen. Ich frage weiter herum, die Verspätung scheint sich zu bestätigen: Unser Zug soll erst um sieben Uhr auf Gleis sechs ankommen.

Was tun bis dahin? Ins Bahnhofsrestaurant?

»Not available«, antwortet man uns auf die entsprechende Frage – ein Bahnhofsrestaurant gibt es hier nicht. Immerhin finden wir eine kleine Cafeteria, die kaum beachtet ein eher tristes Dasein fristet. Kein Wunder: Mit dem Wort »Cafeteria« können im Land des Tees nur wenige etwas anfangen.

Um sieben Uhr begeben wir uns erneut auf den Bahnsteig. Fast ununterbrochen scheppern Durchsagen, nur unser Zug scheint vergessen zu sein. Um acht heißt es dann endlich: »Doon Express arriving shortly on platform six!« Während der nächsten halben Stunde wird diese Durchsage ständig von einer mechanisch klingenden Stimme wiederholt, dann bleibt es still – dafür gerät auf einmal die Menge in Bewegung: Der Zug fährt auf Gleis fünf ein, heißt es nun. Wo? »Auf Gleis fünf«, geht es von Mund zu Mund, nur die Lautsprecherstimme schweigt. Wir schließen uns dem Strom an, und siehe da: Auf Gleis fünf heißt es jetzt: »Doon Express arriving shortly on platform five!« Um neun tauchen dann tatsächlich die Lichter der Lokomotive auf: Alles stürzt hinein, kaum daß der Zug steht, und wir besetzen zwei Plätze in der Hoffnung, nicht reservierte erwischt zu haben. Schließlich setzt sich unser »Express« gemächlich in Bewegung, schleicht langsam vorwärts und benötigt eine volle Stunde für die ersten zwanzig Kilometer. Dann kommt Mughal Serai, der Zug füllt sich bis auf den letzten Platz: Aus dem Nachmittagszug ist ein Nachtzug geworden, und wir haben weder ein Bett noch einen Sitzplatz reserviert. Dafür kommt uns nun die indische Gastfreundschaft zu Hilfe: Die Familie in unserem Abteil, mit der wir uns angeregt unterhalten haben, bietet uns eines der von ihnen reservierten Betten an; dafür schläft das kleinste der Kinder nun bei der Mutter im Bett.

Kurz vor drei Uhr morgens erreichen wir endlich Gaya, mit sechsstündiger Verspätung. Auch hier ist der Bahnhof mitten in der Nacht voller Menschen, selbst auf den Treppenabsätzen liegen Schlafende.

Am Morgen fahren wir weiter nach Bodh Gaya, wo ich im Root Institute telefonisch ein Zimmer reserviert habe. Das Institut ist dem Buddhismus verpflichtet, bietet Meditationskurse an und liegt etwas abseits im Grünen. Allein die hohe Betonmauer rund um das Gelände irritiert mich – anders als die Heilsuchenden aus aller Welt, die so intensiv in ihr Inneres blicken, daß sie gar nichts davon merken, was um sie herum vorgeht: daß sie mitten in Bihar sind, in Indiens ärmstem Staat, in einer von Gewalt gezeichneten Gegend.

Mord und Totschlag in der Nähe von Bodh Gaya, wo der Buddhismus, die Religion der Gewaltlosigkeit, seine Wurzeln hat?

Das kann nicht sein: Ich frage die Institutsleitung nach den jüngsten Unruhen, doch sie hat noch nicht einmal davon etwas gehört, daß es ganz in der Nähe zu zwei Massakern kam.

Sprach Siddhartha: »Was sollte ich dir, Ehrwürdiger, wohl zu sagen haben? Vielleicht das, daß du allzuviel suchst? Daß du vor Suchen nicht zum Finden kommst?«

II

»Gewiß«, lachte Siddhartha, »gewiß bin ich zu meinem Vergnügen gereist. Wozu denn sonst? Ich habe Menschen und Gegenden kennengelernt, ich habe Freundlichkeit und Vertrauen genossen, ich habe Freundschaften gefunden.«

Nur der Zufall und die Gastfreundschaft der Inder wollten es, daß wir diese Nacht irgendwo im entlegensten Indien bei Menschen verbringen, von denen wir bis vor kurzem noch nie gehört hatten: Vom buddhistischen Pilgerzentrum in Bodh Gaya aus mieteten wir ein Taxi für eine fünftägige Rundreise durch den Süden Bihars, aber schon nach eineinhalb Stunden Fahrt ist unsere Reise am ersten Hügel beendet: Getriebeschaden. Wie so oft in Indien war auch diesmal eine hilfreiche Familie nicht weit: Wir wurden nach Chatra geschleppt, von einem Ambassador, der noch klappriger aussah als unser Taxi, und bei einem Onkel des Taxibesitzers einquartiert.

Sollten wir uns bis dahin noch irgendwelchen Illusionen über die Zustände in Bihar hingegeben haben, so holte man uns hier sehr schnell auf den Boden einer traurigen Realität zurück: »Wir leben um zu sterben! Unser Leben ist ein Warten auf den Tod, es ist sinnlos. Es gibt keine Freude, keine Möglichkeit etwas Sinnvolles zu tun. Es ist eine Strafe, in Indien geboren zu sein, eine Strafe und nichts als eine Strafe! Aber schlimmer noch ist es, in Bihar geboren zu sein. Indien ist schlimm, aber Bihar ist das Schlimmste.«

Mein Gegenüber, ein 56 Jahre alter Moslem, macht sich vermutlich schon lange keine Illusionen mehr. Dabei geht es ihm und seiner Familie für hiesige Verhältnisse durchaus ganz gut – wenigstens muß er sich um das bloße Überleben keine Sorgen machen. Aber Bihar ist bettelarm, und eine Lösung der Probleme scheint nicht in Sicht. Nach 50 Jahren Unabhängigkeit steht die indische Politik vor einem Scherbenhaufen: Kein Mensch glaube mehr an die Politikerkaste, meint er, da sie ein ums andere Mal bewiesen habe, daß ihr nur das eigene Wohl am Herzen liege. Auch der letzte Hoffnungsträger vieler Inder, die hindu-nationalistische Partei BJP, hat in Rekordzeit alle Hoffnungen der Massen zerstört: Ganz unverhohlen versuchte jede der insgesamt 18 (!) bis zum April 1999 für ein Jahr an der Regierung beteiligten Parteien, ausschließlich die eigene Klientel zu bedienen, um das Wählerreservoir bei der Stange und damit auch den Zugang zu den Geldtöpfen offen zu halten.

Als Außenstehenden berührt es einen seltsam, daß mein Gesprächspartner in seiner Verbitterung über die gegenwärtigen Zustände offenbar sogar die nach einem langen Unabhängigkeitskampf überwundene britische Kolonialherrschaft relativieren möchte: »Früher war es besser, unter den Briten«, behauptet er. »Damals gab es wenigstens ein Gesetz für alle. Heute dagegen gilt: Wer das Geld hat, hat das Recht. Heute kann die Polizei jederzeit mit falschen Anschuldigungen zu mir ins Haus kommen und zum Beispiel behaupten, ich hätte jemanden überfallen oder umgebracht. Wenn ich dann nichts bezahle, verschwinde ich im Gefängnis, ohne eine Chance zu haben, mich zu wehren.« Er sieht mich traurig an: »Drücke ich mich klar aus? Wer Geld hat, kann einen Menschen umbringen. Er bezahlt, und nichts passiert ihm.« An dieser Stelle wird unser Gespräch unterbrochen, aus einem eher profanen Grund: Abendessenszeit. Teller werden auf den einfachen Tisch vor den Betten gestellt, auf denen wir sitzen; man serviert Reis, ein Biryani mit gerösteten Zwiebeln, Gemüse und Huhn. Das Huhn ist frisch – eben hörten wir noch seine letzten Krächzer aus dem Nachbarzimmer. Es schmeckt ausgezeichnet.

Zum Abschied am Morgen deutet unser Gastgeber noch einmal in die Ferne und meint: »Dort draußen auf den Dörfern leben die Menschen wie die Tiere, so miserabel sind die Umstände!« Dann wendet er sich zur Seite.

»Da wußte Siddhartha, daß das Spiel zu Ende war, daß er es nicht mehr spielen könne. Ein Schauder lief ihm über den Leib, in seinem Innern, so fühlte er, war etwas gestorben«: Als Siddhartha die Stadt der Kindermenschen verließ, wo er beim Kaufmann Kamaswami das Leben der Welt und der Lüste gelebt hatte, ließ Kamaswami nach ihm suchen, da er ihn »in Räuberhand gefallen glaubte«. Seine Geliebte aber, Kamala, die von ihm schwanger ward, wunderte sich nicht: »Als sie die erste Nachricht von Siddharthas Verschwinden bekam, trat sie ans Fenster, wo sie in einem goldenen Käfig einen seltenen Singvogel gefangenhielt. Sie öffnete die Tür des Käfigs, nahm den Vogel heraus und ließ ihn fliegen.«

III

Er war gestorben, ein neuer Siddhartha war aus dem Schlaf erwacht. Auch er würde alt werden, auch er würde einst sterben müssen, vergänglich war Siddhartha, vergänglich war jede Gestaltung. Heute aber war er jung, war ein Kind, der neue Siddhartha, und war voll Freude.

Netarhat liegt in den Bergen, hinter dem Betla Nationalpark. »Zu weit«, sagen unsere Gastgeber. »Zu weit«, sagt unser Fahrer Muna. »Kein Problem«, sage ich, »wir fahren um acht Uhr ab, dann sind wir rechtzeitig da.« – Muna kommt morgens um sieben und weckt mich, um mir mitzuteilen, daß das Auto zwar repariert sei, er aber noch einmal kurz weg müsse. Bevor ich lange protestieren kann, ist er auch schon verschwunden – erst um halb zehn Uhr setzen wir uns endlich in Bewegung und fahren durch eine hügelige Landschaft, die jetzt im Februar trocken und braun ist. Nur gelegentlich sind bewässerte grüne Felder zu sehen. Das Gesicht der Dörfer verändert sich, die kleinen Lehmhütten weichen stattlich-wuchtigen ziegelgedeckten Häusern mit zweigeschossigen Dächern; hölzerne Lüftungsschlitze trennen den unteren Teil der Dächer vom oberen.

Wir passieren eine Steinmühle: Frauen in verstaubten Saris, die grellen Farben nur noch angedeutet, tragen Körbe auf ihren Köpfen, mit denen sie Steine auf eine Rampe schleppen, um sie in die Trommel der Mühle zu kippen. Andere Frauen stehen direkt neben der Trommel im dichten Staub der zerbröselnden Steine und schaufeln den Kies wieder in Körbe. Der Lärm der Trommel übertönt alle anderen Geräusche. Schon nach kurzer Zeit stellt sich ein lästiger Pfeifton in meinen Gehörgängen ein, doch die Gesichter und Haare der Frauen, unter einer dicken Staubschicht bedeckt, ergeben zusammen mit dem strahlend-blauen Winterhimmel ein irritierend schönes Bild, das für einen kurzen Moment die ernüchternde Realität überdeckt: Der gesetzliche Mindestlohn beträgt umgerechnet weniger als zwei Mark – am Tag.

Um drei Uhr nachmittags erreichen wir das Örtchen Betla, den Eingang zu einem Nationalpark am Fuß eines bewaldeten Berggebiets. Erinnerungen an Rudyard Kiplings Dschungelbuch werden wach. Von dort bis nach Netarhat sind es immer noch rund 130 Kilometer Fahrt hinauf in die Berge, und Muna teilt uns mit, daß man wegen der Banditen nur im Konvoi fahren dürfe. Ich erinnere mich noch gut an die Folgen der letzten Steigung für unser Taxi – also geben wir unseren ursprünglichen Plan auf und übernachten statt dessen in dem imposanten Van Vihar Hotel, am Parkeingang gelegen, in dessen Luxuszimmern wie in den meisten staatlichen Hotels der Welt die Farbe von den Wänden blättert.

Neuer Tag, neues Ziel. Nun wollen wir nach Dhanbad weiterfahren, aber: der Ambassador! Mit lautem Kreischen verabschiedet sich die Hinterradaufhängung: zu viele Schlaglöcher, zu uneben der Teerbelag. Unser erster Gedanke ist: Das wird nichts mehr! Wir sehen nach und müssen feststellen, daß ein Rad verschwunden ist, der Wagen sitzt auf. Doch Muna bleibt optimistisch. Er bockt den Wagen hoch, legt den Ersatzreifen und einige Ziegel unter – der Wagenheber wird noch gebraucht, um die Achse anzuheben. Allerdings hängt da auch sehr unschön ein Stoßdämpfer herab, dessen Verbindung zur Achse abgerissen ist. »No problem!« meint Muna mit der indischsten aller Formulierungen in einer wenig Hoffnung verheißenden Lage: Er brauche nur ein oder zwei Stunden, müsse noch ein paar Teile besorgen, und – »I'll be back soon«. Schon macht er sich per Anhalter auf den Weg: Für mich ist das eine gute Gelegenheit, mich umzusehen und eine nahe Ziegelei zu erkunden. Nach der Besichtigung leitet mich Jasmin Khan, der Ziegeleibesitzer, zu seinem Büro in einer strohgedeckten Lehmhütte. Tisch und Stühle werden davor aufgestellt, eine Decke aufgelegt, und frischer Tee (Chai) wird serviert.

Auch der Ziegeleibesitzer beklagt sich bitter über die herrschenden Verhältnisse im Lande Buddhas: Es gebe kaum Ausbildungsmöglichkeiten in Bihar, erläutert er, nur etwa 30 bis 35 Prozent der Bihari hätten eine Schule besucht, und staatliche Darlehen bekomme nur der, der sofort 25 Prozent des Betrags an denjenigen bezahle, der den Antrag bearbeiten solle. Überhaupt seien Korruption und die Veruntreuung von Geldern die größten Übel in Bihar: Jeder wisse, daß von 100 Rupies maximal zehn ihre Bestimmung erreichen. Der Rest verschwinde in den Taschen derjenigen, die sie verteilen sollen.

Ich frage ihn, ob er sich hier wenigstens sicher fühle: Immerhin zahle er seinen Arbeitern mehr als den vorgeschriebenen Mindestlohn, antwortet er, dazu gebe er eine Mahlzeit aus, wozu er nicht verpflichtet sei. Deswegen und weil er sich hier an der Straße in der Nähe der Stadt befinde, fühle er sich verhältnismäßig sicher. Aber dort – er zeigt auf den nur einen Kilometer entfernten Waldrand und verharrt in einer vielsagenden Geste.

Inzwischen ist Muna mit einem jungen Mechaniker zurückgekehrt. Sie versuchen die Achse zu befestigen, stellen aber fest, daß sie ein falsches Ersatzteil dabei haben: »Just one more hour.«

Aus einer Stunde werden Stunden. Jasmin Khan lädt uns ein, bei ihm zu übernachten. Eine Nachtfahrt wäre wohl auch viel zu riskant in dieser Gegend. Schließlich fährt das Auto wieder und bringt uns zu seiner Wohnung in einer nahegelegenen Stadt. Zwar baumelt immer noch ein Stoßdämpfer munter vor sich hin, aber: »No problem«, meint Muna erneut; bis morgen früh sei auch dieser Schaden behoben. Tatsächlich baumelt am nächsten Morgen gar nichts mehr: Muna hat den Stoßdämpfer einfach abmontiert.

IV

> Viele habe ich übergesetzt, Tausende, und ihnen allen ist mein Fluß nichts gewesen als ein Hindernis auf ihren Reisen . . . Einige unter den Tausenden aber, einige wenige, vier oder fünf, denen hat der Fluß aufgehört, ein Hindernis zu sein, sie haben seine Stimme gehört, und der Fluß ist ihnen heilig geworden, wie er es mir geworden ist.

Wir sind den vierten Tag unterwegs und haben bislang keines unserer Ziele erreicht. Noch langsamer und vorsichtiger als zuvor holpern wir über die unebenen Straßen. Malerisch liegt die Strecke im Morgendunst. Wir fahren durch die ausladenden Bäume einer Allee, vorbei an kleinen Ortschaften und überholen gelegentlich überfüllte Busse. Alles wirkt ländlich friedlich, bis wir Ranchi erreichen – einen indischen Erholungsort, dessen Straßen genauso verstopft und chaotisch sind wie die eines jeden anderen größeren indischen Orts. Dann nähern wir uns einem Industriegebiet: Die Schornsteine eines großen Stahlwerks säumen den Horizont, die Straße wird immer schlechter – diese Gegend ist reich an Bodenschätzen, hat viel Industrie, und trotzdem ist die überwiegende Mehrheit der Bevölkerung arm.

Vor Dhanbad verändert sich schließlich die Landschaft: Kleine Häuschen sind mit einer schwarzen Staubschicht überzogen, in der das Licht der allmählich zwischen den Fördertürmen und Kohlegruben versinkenden Sonne merkwürdig trüb wirkt. Erneut Ruhe, Frieden, dörfliche Idylle. Ungestört schmort das Fettgebäck auf der Auslage einer Teestube in der Sonne, Fußgänger gehen ungefährdet ihre Wege. Wir befinden uns nun schon auf dem Rückweg, auf der Grand Trunk Road, der Lebensader Nordindiens: Keine Abgase, kein Staub, keine gemeingefährlich durch den Ort rasenden Laster? Wie das?

Bald darauf erkennen wir, woran das liegt: Der Verkehr ist so gründlich zum Erliegen gekommen, daß selbst die ansonsten ebenso häufig wie ausdauernd gebrauchten Hupen verstummten. Einmal mehr fahren wir auf unserer Reise an einem kilometerlangen LKW-Stau vorbei, bis wir endlich zur Ursache des Staus vordringen – ein Bahnübergang, der durch Bauarbeiten auf weniger als zwei LKW-Breiten zusammengeschrumpft ist. Vorfahrtsregeln gibt es nicht – und wenn es sie gäbe, würde sich vermutlich kaum jemand daran halten. Die Zeit, in der die Schranken geöffnet sind, reicht nur für wenige Fahrzeuge: Bei der Berechnung dieser kurzen Öffnungzeiten geht man von der Annahme aus, wann der nächste Zug kommen wird. Wann er allerdings *wirklich* kommt, weiß kein Mensch. Man weiß nur, in welchem Zeitraum nach einem eben durchgefahrenen Zug kein anderer kommen dürfte – auch diese Zeitspanne ist bei einer zweispurigen Strecke denkbar knapp.

Irgendwie schaffen wir es allerdings doch, bis zu den Schranken vorzudringen, vor denen sich die LKW's nun schon in fünf Spuren nebeneinander aufgebaut haben. Wir fühlen uns frei und glücklich, dem Chaos entronnen, aber: Frei? Frei bist du in einem solchen Fall noch lange nicht! Denn der erste Lehrsatz auf indischen Straßen lautet: Jede Lücke nutzen! Und vor den geschlossenen Schranken entsteht zwangsläufig ein Vakuum, wo der Gegenverkehr nicht abfließen kann; ein leerer Raum, dem kein indischer Fahrer zu widerstehen vermag, weil er die Chance bietet, wenigstens ein paar Meter aufzurücken und aus dem schier endlosen Warten auszubrechen: Nein, der gequälte Kapitän der Landstraße, er kann nicht anders, er muß einfach, er muß. Irgendwann wird er zwar kommen, der Gegenverkehr, aber dann mag man schon weitersehen . . .

Und er kommt in der Tat. Links die Kolonne stehender Lastwagen, also: nach rechts ausweichen – nur dumm, daß auch dort schon Laster stehen, die zuvor das gleiche Manöver vollzogen haben. Stirn an Stirn steht man sich jetzt gegenüber, die volle Breite der Straße zwischen den Häusern ist bereits genutzt. Ruhe kehrt ein. Die Lage ist fast aussichtslos, nur für die Fußgänger herrscht auf einmal ein ungewöhnlicher Frieden. Zwar dürfte es für sie etwas beschwerlich sein, sich zwischen den vielen stehenden Fahrzeugen hindurchzuschlängeln; aber dafür können sie in solchen Momenten wenigstens relativ sicher auf der Straße gehen.

Trotz der im wahrsten Sinn des Wortes verfahrenen Lage geschieht schließlich doch noch das Unglaubliche: Der Stau beginnt sich aufzulösen. Irgendwo hat sich anscheinend doch eine Lücke zum Ausweichen gefunden, der Verkehr rollt langsam wieder an, das Fettgebäck liegt jetzt unter der üblichen Schicht rußiger Dieselabgase, und nach zweieinhalb Stunden ist der Bahnübergang endlich passiert.

Nein, hier am Ende unserer Reise gibt es keinen Fluß, und die Weisheit des Fährmanns verwandelt sich in die des LKW-Fahrers: »›Ja, Siddhartha‹, sprach er. ›Es ist doch dieses, was du meinst: daß der Fluß überall zugleich ist, am Ursprung und an der Mündung, am Wasserfall, an der Fähre, an der Stromschnelle, im Meer, im Gebirge, überall zugleich, und daß es für ihn nur Gegenwart gibt, nicht den Schatten Vergangenheit, nicht den Schatten Zukunft?‹«

KAY MAERITZ

Reisen, um unterwegs zu sein: Kay Maeritz auf Siddharthas Spuren

Feuerzeremonie bei Vollmond am Ganges in Benares, dem heiligsten Ort der Hindus

Das rituelle morgendliche Bad

Jedes Jahr versammeln sich mehr als eine Million Hindus zum heiligen Bad an den Ghats, den Badestufen von Benares. Benares ist die einzige Stelle am Ganges, an dem der Fluss eine weite Kurve nach Norden beschreibt, und daher auch der einzige Ort, an dem die Sonne hinter dem gegenüber liegenden Ufer aufgeht, was dem Ort seine besondere Bedeutung verleiht.

Benares: Blumenverkäuferin in den schmalen und verwinkelten Gassen am Fluss

In den Gassen von Benares

Gaya werden von den Hindus die gleichen heiligen Qualitäten zugesprochen wie Benares.
Um die Rituale auch in der trockenen Zeit durchführen zu können, wenn der Fluss kein Wasser führt,
werden Löcher in den Sand des Flussbettes gegraben, bis Wasser zutage tritt.

Das Lächeln des Buddhas

Siddhartha Gotama (auch: Gautama), der historische Buddha wurde um das Jahr 560 v. u. Z. als Sohn eines Fürsten am Fuß des Himalaya in der nördlichen Gangesebene geboren. Etwa als Dreißigjähriger verließ er Frau und Sohn, lebte einige Jahre als Asket und suchte verschiedene Meister auf, bis er sich schließlich der Meditation zuwandte und im heutigen Bodh Gaya Erleuchtung fand. Im Gazellenhain von Benares predigte er erstmals vor fünf Asketen, die daraufhin die ersten Jünger einer Lehre wurden, die heute außerhalb Indiens mehr Anhänger hat als in ihrem Ursprungsland. Mehr als zwei Drittel der indischen Bevölkerung bekennen sich zum Hinduismus, darüber hinaus gibt es in Indien fast alle Weltreligionen, von denen der Islam mit etwa elf Prozent Bevölkerungsanteil am häufigsten vertreten ist. Mit der moslemischen Machtübernahme im Jahr 1192 wurden in Nordindien viele buddhistische Klöster und Universitäten zerstört, worauf sich viele Mönche in den Himalaya zurückzogen. Im heutigen Indien ist der Buddhismus vor allem noch in Ladakh lebendig – ein ebenso beeindruckendes wie fremdartig-faszinierendes Land im Transhimalaya.

Die Zuschauer des zwei Tage währenden Maskentanzes in Karscha sind völlig gebannt von der Aufführung, in der die neunundvierzig Tage zwischen Tod und Wiedergeburt, das bardo, symbolisch dargestellt werden.

Das Kloster Lamayuru liegt in einer einzigartigen Landschaft.
Es gehört zu den wahrhaft magischen Orten der Erde.

Die Gesichter der Menschen Ladakhs sind von den einfachen Lebensumständen wie von extremer Sonne und Trockenheit, Kälte und Wind gezeichnet

Es ist schwer nachzuvollziehen, was die Bewohner einst dazu veranlasst hat, sich in der Bergwüste von Ladakh ein Auskommen zu suchen. Die Niederschläge entsprechen denen der Sahara, so dass die wenigen Ackerflächen mühsam bewässert werden müssen.

Die Liebe in Marmor

»Mir aber liegt einzig daran, die Welt lieben zu können, sie nicht zu verachten, sie und mich nicht zu hassen, sie und mich und alle Wesen mit Liebe und Bewunderung und Ehrfurcht betrachten zu können«, sagt Hermann Hesses Siddhartha, und die Liebe scheint auch für den Großmogul Shah Jahan (1592-1666) die Hauptsache gewesen zu sein. Jedenfalls setzte er ihr wie seiner Lieblingsfrau Mumtaz Mahal, die im Alter von nur 38 Jahren bei der Geburt ihres vierzehnten Kindes starb, mit dem grandiosen Taj Mahal im nordindischen Agra ein ganz eigenes Denkmal. Bis zur Fertigstellung dieses im Jahr 1631 begonnenen, bis ins kleinste Detail formvollendet symmetrisch angelegten Mausoleums vergingen mehr als 20 Jahre. Für die Verkleidung des aus Ziegelsteinen errichteten Bauwerks wurde über Hunderte von Kilometern hinweg aus Makrana in Rajasthan jener Marmor beschafft, der dem Gebäude noch heute seine einzigartige, je nach Sonnenlicht unterschiedliche Ausstrahlung verleiht.

Mit Blick auf das Taj Mahal verbrachte der Großmogul dann auch seine letzten acht Lebensjahre – im Gefängnis, nachdem er von seinem Sohn gestürzt worden war, der mit dieser rigiden Maßnahme vermutlich nicht zuletzt auch eine weitere Zerrüttung der Staatsfinanzen vermeiden wollte.

Nicht nur Ausländer zieht es nach Agra, um das Bauwerk der Liebe zu sehen: Auch für Inder ist das Taj Mahal eines der bevorzugten Ziele. Es lohnt sich, das Taj zu verschiedenen Tages- und Jahreszeiten zu besuchen. Immer wieder ergeben sich neue Eindrücke dieses wunderbaren Bauwerks, das trotz seiner monumentalen Grösse eine ungeheure Leichtigkeit ausstrahlt.

Am Flussufer der Jamuna befindet sich zu Füssen des Taj Mahal ein kleiner Schrein, den der 74 Jahre alte Brahmane Kataraji seit fünfzig Jahren täglich betreut und wo er sich einen kleinen Kartoffelacker angelegt hat.
Auch der Fährmann Vijay, als der singende Fährmann bekannt, ist hier täglich mit seinem Boot (siehe die nächste Doppelseite) anzutreffen.

Brahmas grosses Fest

Brahmanen – die Mitglieder der obersten Hindu-Kaste, zu der auch Hesses Siddhartha gehört – gelten als heilig und unverletzlich. Am Ende ihres vierstufigen Lebenswegs werden sie im Idealfall zu Asketen oder Bettelmönchen, die alle materiellen Güter aufgeben, um sich ganz dem visionären Erleben des Brahman zu verschreiben, der alle Welten durchdringenden Kraft.

Der Hinduismus ist allerdings keine geschlossene Religion mit festen Regeln. Es gibt eine Vielzahl regional unterschiedlicher Kulte, deren wichtigste Götter Vishnu und Shiva sind. Der den Weltgeist personifizierende »Brahma« findet sich vor allem in der »Trimurti« wieder – der Dreigottheit aus Brahma, Vishnu und Shiva –, in der Brahma den schöpferischen, Vishnu den erhaltenden und Shiva den zerstörenden Part übernimmt. Das einzige Fest zu Brahmas Ehren findet jährlich im Oktober/November in dem kleinen Städtchen Pushkar in der Wüste Thar (Rajasthan) statt. Wenn der Mond seine volle Größe erreicht hat und die ganze Szenerie in ein magisch anmutendes Licht taucht, besuchen zigtausend Besucher das Fest und den zeitgleich stattfindenen riesigen Kamelmarkt. Der Sage nach liegt Puschkar an jenem kreisrunden See, der entstand, wo Brahma ein Lotusblatt auf die Erde fallen ließ.

Rund um den kleinen Ort Puschkar entsteht anlässlich von Brahmas Fest ein riesiges Lager im Sand der Thar

Im Sand der Wüste wird alles zubereitet, was die Bauern für die Dauer des Marktes benötigen

Der Kamelmarkt in der Wüste scheint einem orientalischen Märchen entsprungen zu sein

Wüstenzauber und heilige Berge

In den Wüstengebieten im westlichen Indien, wo sich hinduistische Herrscher gegen moslemische Invasoren zur Wehr setzen konnten, finden sich zauberhafte Tempel und Paläste. Vor allem die Tempel der Jain auf den heiligen Bergen Palitana und Abu oder in Ranakpur und Jaisalmen gehören zu den beeindruckendsten Zeugnissen der indischen Kunst und Kultur.

Mahavira, auf den die Lehre der Jain (Jainismus) zurückgeht, lebte fast zeitgleich mit dem historischen Buddha. Er stammte ebenfalls aus einem »edlen Haus« in Bihar, kritisierte wie Buddha das verkrustete Kastensystem mit der besonderen Stellung der Brahmanen, wie die Buddhisten lehnen auch die Jaina das Töten ab: Aus Angst, ein Tier könnte versehentlich durch einen Tritt zu Tode kommen, kehren sie die Straße vor ihren Füßen oder den Platz, auf den sie sich setzen wollen, mit einem kleinen Besen. Um kein Insekt versehentlich zu verschlucken, verbinden sie sich Nase und Mund. Da ihnen aufgrund ihrer Religionsauffassung die meisten handwerklichen oder landschaftlichen Tätigkeiten unmöglich waren, widmeten sich die Jaina mit großem Erfolg vor allem dem Handel.

DER JAIN-TEMPEL IN RANAKPUR BEEINDRUCKT VOR ALLEM DURCH DIE UNGEHEURE FÜLLE AN ORNAMENTALEN DETAILS

Über die Höhle des Sufi-Mystikers Shaik Salim aus dem Chishti-Orden liess Kaiser Akbar die Palaststadt Fatehpur Sikri errichten. Nachdem Salim dem bis dahin kinderlos gebliebenen Akbar zu einem Thronfolger verholfen hatte, pilgern heute noch hoffnungsvolle Moslems zu seinem Grabmal.

Die im 11. Jh. gegründete Stadt Ajmer gehört zu den bedeutendsten Heiligtümern indischer Moslems. Jährlich pilgern Tausende von ihnen hierher an das Grabmal von Muin-ud-din, des Gründers des ersten indischen Sufi-Ordens.

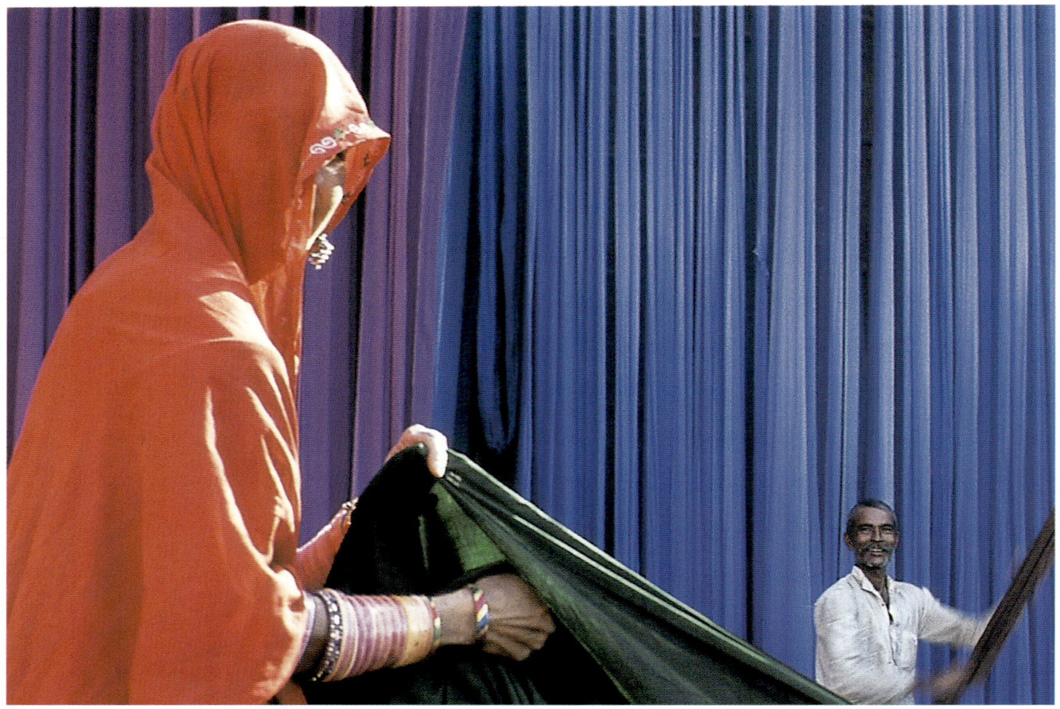

Die leuchtenden Stoffe der Saris verleihen Indien einen Teil seines Zaubers

So leicht die Stoffe auch wirken, ihre Herstellung ist ein anstrengender Prozess. Angesichts des Überangebots an Arbeitskräften liegt der Wochenlohn für sieben Tage harte Arbeit – von morgens acht Uhr bis abends acht Uhr, ohne freien Tag – bei nicht einmal zwanzig Mark.

Wie aus Tausendundeiner Nacht: Sandstein und Marmor inmitten der Wüste Thar formen die prächtige Stadt Jaisalmer an der alten Kamelroute von Indien in das heutige Pakistan

Durch Karawanenhandel reich geworden, errichteten Kaufleute in der Wüstenstadt Jaisalmer unglaublich schöne Paläste

Traumland Pfefferküste

»Blaues Gebirg, verliert sich im Dunst und im Traum!« – schrieb Hermann Hesse einst. So wie ihm erging es schon vielen Europäern vor ihm: Der Traum von der Pfefferküste, von den Gewürzen und anderen Kostbarkeiten Indiens stürzte die seefahrenden Völker Europas in einen wahren Taumel. Die Pfefferküste war auch das Ziel, das Christoph Kolumbus zu erreichen suchte, als er einen unbekannten Kontinent entdeckte. Vasco da Gama blieb es schließlich vorbehalten, den Seeweg rund um Afrika nach Indien zu entdecken (1498) und den Portugiesen Stützpunkte in Indien zu sichern. (Den letzten, Goa, verloren sie im Jahr 1961 an Indien.)

Auch die Bewohner des kleinen Bundesstaats Kerala an der Südwestküste des Subkontinents – wo nicht nur der Pfeffer wächst, sondern ebenso Kardamon und Zimt, Ingwer und Muskat – preisen ihr Land zwischen den West-Ghats und dem Arabischen Meer, inmitten einer grandiosen Tropenlandschaft, wie ein irdisches Paradies: Parasuram, die sechste Inkarnation Vischnus höchstselbst habe das Land erschaffen, heißt es, um den von Kriegern bedrängten Brahmanen zu helfen. Nachdem Varuna, der Gott des Meeres, ihn dazu aufgefordert hatte, eine Axt von den West-Ghats hinaus aufs Meer zu werfen, zog sich das Wasser zurück, und: Kerala ward geboren . . .

Chinesische Fischernetze im Hafen von Cochin, einer der grössten Umschlagplätze für die begehrten Gewürze der Malabar-Küste. Zahlreiche Kaufleute, Händler und Herrscher hinterliessen eine in ganz Indien einzigartige Mischung verschiedenster Kulturdenkmäler auf geringstem Raum.

GOA: EINE OASE DER RUHE IM OFT HEKTISCHEN INDIEN

Von den Stränden Goas und der Malabarküste fahren die Fischer in kleinen Booten gemeinsam zum traditionellen Fischfang aufs Meer hinaus

Kerala wird oft auch als das Land der Kokosnuss bezeichnet. Fast jeder Teil der Palme und der Frucht findet Verwendung.

Auf dem Dekkan-Plateau

Im Hinterland von Bombay und Goa erhebt sich jenseits der teilweise noch von Dschungel bedeckten steilen Gebirgshänge der Western Ghats das Dekkan-Plateau, ein von mehreren Flüssen durchschnittenes regenarmes Hochland: Jahrhunderte lang vergessen lagen hier zum Beispiel die buddhistischen Höhlentempel von Ajanta wie im Dornröschenschlaf. Geradezu unglaublich sind auch die Tempel von Ellora, dessen wichtigster, der Kailasha Tempel, wie von Zyklopen aus dem Fels gemeißelt zu sein scheint. Auf dem Dekkan-Plateau liegen zudem die Ruinen von Vijayanagar: »Stadt des Sieges« nannten die hiesigen Könige ihre Hauptstadt, die einst das mächtigste Zentrum des im Widerstand gegen die moslemischen Herrscher des Nordens entstandenen südindischen Hindu-Großreichs war. Nach der völligen Zerstörung der alten Königsstadt im Jahr 1565 blieb eine mystische Felslandschaft zurück, um die sich zahlreiche Legenden ranken. So soll sich hier ein Schrein des dreiäugigen Shiva befunden haben, der späteren Schutzgottheit der Vijayanagar-Herrscher, die mehrere Tempel auch für Rama und den Affenkönig Hanuman aus dem Epos Ramayana errichten ließen.

Nasik gehört wie Allahabad, Haridwar und Ujjain zu den vier heiligen Orten, auf die einst ein Tropfen Unsterblichkeitsnektar (Amrita) fiel. Aus diesem Grund findet alle drei Jahre abwechselnd in einem dieser Orte die Kumbha Mela statt – die grösste Wallfahrt der Welt. An den Ghats am Godavari, einem der heiligen Flüsse Indiens, baden hier in Nasik aber nicht nur Pilger, sondern dort gibt es auch einen Gemüsemarkt, und täglich waschen Frauen hier die Wäsche.

Der tausend Jahre alte Stausee und die Tempelanlagen von Badami
wirken wie Überreste einer lange versunkenen Zeit

Der Vittala-Tempel mit seinen »singenden« Säulen – berühren verboten! – ist das künstlerisch begeisterndste Relikt der Ruinen von Vijayanagar.

Pilger und Heilige, Sadhus und Bettelmönche trifft man in Hampi (Vijayanagar) wie überall in Indien. Frauen sind dabei allerdings die Ausnahme.

In der Tempelstadt der Chalukyas (7./8. Jh.) in Pattadakal wurden einst Herrscher gekrönt und Feste gefeiert

Sravana Belgola ist das südindische Zentrum der Jainas. Auf dem Gipfel des heiligen Berges steht eine fast zwanzig Meter hohe Riesenstatue, die aus einem einzigen Stein gefertigt wurde. Im Jainismus existiert kein Gott, der das Geschehen der Welt lenken könnte – es gilt allein das Gesetz des Karma: Der einzige Weg, den ewigen Kreislauf von Geburt und Wiedergeburt zu überwinden, führt über Askese, Meditation und rituelle Handlungen. Jainas versuchen in ihrer Person Unwissenheit und Begierde zu besiegen.

Wo Shiva tanzt – tief im Süden

Hektik und Streß scheinen im südlichen Indien weitgehend unbekannt zu sein. Ochsenkarren, die im Schatten ausladender Bäume durch die Alleen ziehen, bestimmen das Tempo. Doch es war das Cauveri Delta in Tamil Nadu, von dem aus die indische Kultur einst einen Großteil Asiens beeinflußte. Angkor Wat und der Borobudur sind nur die beiden bekanntesten, außerhalb des Landes entstanden Tempelanlagen nach indischem Vorbild.

In Tamil Nadu konnte sich die Kunst der Draviden, die lange Zeit für die Urbevölkerung Indiens gehalten wurden, voll entfalten. Von der einstigen Blüte dieser Kultur zeugen noch heute die vielen Überreste ehemaliger Tempel, in denen meistens Shiva als oberste Gottheit verehrt wurde – und zwar in seiner vielleicht faszinierendsten Form, als Tänzer Nataraja: Die Stundentrommel in der Hand, gibt er sich selbst mit spielerischer Leichtigkeit den Rhythmus seiner Schöpfung vor, und solange er tanzt, bleibt das Böse unter seinen Füßen gefangen.

Dieses »Böse« aber ist für Hermann Hesses Siddhartha nur ein Teil der Welt, die er als Ganzes zu erkennen sucht. Daß wir diese Welt auch in ihrer tatsächlichen oder scheinbaren Widersprüchlichkeit lieben könnten, das ist, vielleicht: Siddharthas Traum.

In allen riesigen Tempelstädten des Südens steht ein Tempelelefant, der gegen eine Gabe – sei es eine Rupie oder auch ein Zuckerrohrstück – den Rüssel zur Segnung auf den Kopf legt; egal, ob das im finsteren und lauten Meenakshi-Tempel in Madurai mit seinen vielen Besuchern ist oder in den unendlich scheinenden Gängen von Rameshvaram.

Der Rhythmus des Ochsenkarren scheint unweit des Hightech-Zentrums Bangalore noch das Leben zu bestimmen

Nur wenige Meter entfernt von wunderbaren Tempelanlagen, die vor weit mehr als eintausend Jahren in filigranster Technik errichtet wurden, schieben Fischer ihre aus zusammengebundenen Stämmen bestehenden Boote ins Wasser

Ein alter Brahmane gibt im kaum besuchten Airravatesvara-Tempel
bei Kumbakonam eine höchst faszinierende Einführung
in die indische Mythologie

Das fruchtbare Delta des Cauveri war die Grundlage für die Entstehung einer Hochkultur,
die hier einen unendlichen Reichtum an Zeugnissen ihrer Glanzzeit hinterlassen hat

Eine Produktion des Bruckmann-Teams, München
Konzeption (verantwortlich), Lektorat und Bildredaktion: Robert Fischer
Gestaltung: Kay Maeritz
Layoutrealisation und DTP-Produktion: Bettina Schippel

Alle Fotos von Kay Maeritz, außer: S. 6, 7, 9 (movienet film GmbH, München), S. 8 (Winkler Film, Wien; © Conrad Rooks)
Übersichtskarte: Theiss Heidolph, Eching

Literatur- und Quellenhinweise: Das Werk von Hermann Hesse erscheint im Suhrkamp Verlag, Frankfurt am Main. »Siddhartha« ist in verschiedenen Buchausgaben lieferbar – in der SuhrkampBasisBibliothek auch mit einem Kommentar von Heribert Kuhn; dazu erschienen ein Audio Book (DerHörVerlag, München) und eine CD-Rom (Terzio Verlag, München).
Das Zitat auf S. 1 stammt aus Hermann Hesses »Aus Indien« (neu zusammengestellt und ergänzte Ausgabe von Volker Michels, Frankfurt am Main 1980), alle »Siddhartha«-Zitate stammen aus der Ausgabe als suhrkamp taschenbuch 182, Frankfurt am Mai 1974.
Ralph Freedmans von Ursula Michels-Wenz aus dem Amerikanischen übersetzte Biografie »Hermann Hesse. Autor der Krisis« erschien ebenso im Suhrkamp Verlag (suhrkamp taschenbuch 1827, Frankfurt am Main 1991) wie Heinrich Zimmers »Philosophie und Religion Indiens« (suhrkamp taschenbuch wissenschaft 26, Frankfurt am Main 1973).

Alle Angaben dieses Werkes wurden vom Autor sorgfältig recherchiert und auf den aktuellen Stand gebracht sowie vom Verlag auf Stimmigkeit geprüft. Für die Richtigkeit der Angaben kann jedoch keine Haftung übernommen werden. Für Hinweise und Anregungen sind wir jederzeit dankbar. Bitte richten Sie diese an den Bruckmann Verlag, Lektorat, Innsbrucker Ring 15, 81602 München.

Gedruckt auf chlorfrei gebleichtem Papier

Die Deutsche Bibliothek –
CIP-Einheitsaufnahme
Ein Titelsatz für diese Publikation ist bei Der Deutschen Bibliothek erhältlich.

Gesamtverzeichnis gratis:
Bruckmann Verlag GmbH
Innsbrucker Ring 15, 81602 München
Internet: www.bruckmann.de

Durchgesehene Neuausgabe 2001

Printed in Hungary by Realsystem
ISBN 3-7654-3505-8